I0026351

de leurs recherches désintéressées, qu'empressé de leur en faire honneur et de leur en marquer sa reconnaissance.

M. Boucherie, professeur au lycée de Montpellier, et qui s'est déjà, par ses travaux philologiques, fait un nom parmi les linguistes, ne s'est pas contenté de ce rôle effacé de commissionnaire scientifique ; il a voulu explorer pour lui-même, et dans l'intérêt de ses propres études, les trésors littéraires réunis à la bibliothèque de l'École de médecine, et ses efforts ont été couronnés du plus heureux succès. Depuis quatre ou cinq ans, il a successivement tiré de ce riche dépôt de nombreux documents fort importants pour l'histoire des langues romanes, et tous les jours de nouvelles publications viennent prouver à la fois l'activité de l'explorateur et la richesse du fonds exploré.

De toutes ces publications, la plus importante, sans contredit, est celle qui vient de paraître dans le 23ᵉ volume des *Extraits et Manuscrits de la Bibliothèque Nationale et autres Bibliothèques*, imprimé par les ordres et sous les auspices de l'Académie des Inscriptions. Ce ne serait rien moins, s'il faut en croire une conjecture plausible, que le texte grec et latin d'un *Manuel de conversation* composé, vers la fin du IIᵉ siècle de notre ère ou le commencement du troisième, par le plus célèbre lexicographe de l'antiquité, le sophiste Julius Pollux [1].

M. Boucherie a eu vraiment la main heureuse, et sa découverte imprévue jette de vives lueurs sur le mouvement de la littérature et des études linguistiques à la fin de la période des Antonins. Pollux est en effet un des hommes les plus remarquables de cette époque fameuse ; ce que l'on connaissait de sa vie et de ses écrits lui faisait déjà une place à part, et si cette œuvre, ainsi tirée de la poussière des manuscrits, est véritablement

---

[1] Cet ouvrage, divisé, suivant toute vraisemblance, en trois livres, comprenait deux parties bien distinctes par la forme et le mode de composition :

1° Un recueil de dialogues grecs et latins sur l'emploi de la journée et les usages les plus ordinaires de la vie ;

2° Une série de noms groupés par ordre de matières à la manière du glossaire purement grec de Pollux. Le mot latin était en regard du mot grec correspondant.

Montpellier ne possède qu'un fragment, très-considérable il est vrai, de ce guide, mais M. Boucherie croit en avoir retrouvé un autre à la Bibliothèque nationale ; il a publié le tout dans l'ordre des manuscrits, mais comme des parties d'une œuvre unique brisée par le hasard.

la sienne, elle achève de dessiner son rôle parmi ses contemporains. Essayons d'abord de préciser ce que nous savions de sa biographie et de ses travaux ; nous examinerons ensuite ce que la publication de M. Boucherie pourrait ajouter à sa physionomie littéraire.

I

Vie de Pollux. — Les Sophistes et leur enseignement.

Julius Pollux naquit en Égypte, dans la ville lettrée et savante de Naucratis, pendant la période des Antonins. Son père, si l'on en croit le témoignage un peu suspect de Lucien, le grand railleur[1], était de naissance servile, et sa mère exerçait dans un carrefour le métier d'accoucheuse. Mais son père, malgré les misères de son origine, était fort instruit ; il excellait particulièrement dans ce que les anciens appelaient l'art de la critique, c'est-à-dire l'art de juger des ouvrages de l'esprit, surtout au point de vue du style et de la diction[2].

Il transmit cet art à son fils. Grâce aux soins paternels, le jeune Égyptien aurait pu être un critique de premier ordre. Mais, entraîné par la fougue de l'âge et des passions, il devint, à ce qu'il paraît, un libertin et un intrigant de la pire espèce[3].

C'était l'époque où l'art de servir les infâmes passions des vieux débauchés et les ardeurs décrépites des riches héritières était plus lucratif que celui des sophistes, où l'on captait les testaments avec impudence.

Pollux, qui s'appelait d'abord Pothinus, se montra passé maître dans cette science honteuse ; mais, la chasse aux héritages lui ayant mal réussi, il fut obligé de se retourner vers la profession des rhéteurs et de gagner sa vie

---

[1] Lucian. *Rhetor. præcept.*, 24.

[2] Philostrat. *Vit. sophist.*, II, xii, 1.

[3] C'est du moins ce qui résulte du témoignage de Lucien, si toutefois le redoutable railleur a voulu désigner Pollux dans son maître de rhétorique. Hemsterhuis le nie, mais ses raisons ne me paraissent pas solides. — Les anciens (voir le *Scoliaste* de Lucien, éd. Car. Reitz, tom. III, pag. 1) disaient déjà que l'écrit était dirigé contre Pollux : Dusoul et Reitz le croient, et C.-F. Ranke (*Pollux et Lucianus*, Quedlinburg. 1831, in-4°) a réfuté l'opinion d'Hemsterhuis.

en plaidant des procès. Il suspendit alors, suivant l'usage, au-dessus de sa porte, des branches de palmier vertes et tressées en couronne, pour attirer les clients [1].

Cependant les tribunaux ne suffisaient point à son ambition; il voulut tirer un autre parti de ses connaissances critiques et de ses talents naturels, en joignant au métier de rhéteur celui de sophiste. Il avait alors quitté l'Égypte et s'était rendu à Athènes, où les moyens de s'instruire et les occasions de se faire connaître étaient plus nombreux qu'à Naucratis.

C'était le moment où le sophiste Adrien de Tyr occupait la chaire d'éloquence fondée par Marc-Aurèle, avec un traitement de 10,000 drachmes. Cet Adrien était une sorte de lettré grand seigneur, à la parole facile et mouvementée, aux habitudes élégantes, aux façons patriciennes. «Il présidait magnifiquement, dit Philostrate, à l'école d'Athènes; il se rendait à ses leçons vêtu d'une robe splendide, couvert d'étincelantes pierreries et monté sur un char que traînaient des chevaux dont les rênes étaient d'argent. Quand il sortait de l'école pour rentrer chez lui, il était accompagné de toute la Grèce, accourue de toute part pour l'entendre, et les auditeurs avaient pour lui la vénération que dans les fêtes d'Éleusis les initiés montrent pour l'hiérophante qui remplit avec éclat les fonctions sacrées.» Philostrate ajoute qu'il se faisait aimer de ses élèves en leur donnant des jeux, des festins et de grandes chasses, en les conduisant avec lui dans les assemblées générales de la Grèce; il ne dédaignait pas de se mêler aux divertissements de leur âge, plusieurs fois il ne craignit pas de danser, avec ces jeunes gens, la danse nationale [2].

Pollux suivit les leçons de ce maître, illustre entre tous; mais il paraît avoir plutôt cherché à copier ses manières aimables qu'à lui dérober les secrets de la sophistique et de l'art oratoire. Il était doué de la nature la plus heureuse, avait l'esprit gracieux et répandait dans ses discours des traits charmants qui, suivant l'expression de Philostrate, s'y mêlaient comme les gouttes d'une essence agréable et parfumée [3]. Sa voix était douce et caressante, elle en-

---

[1] Lucian.; loc. cit., 24, 25.

[2] Philostrat. Sophist., II, x, 4 et 5.

[3] Πλὴν ἀλλ' εἰσί τινες ἡδονῶν λιβάδες διακεκραμέναι τοῦ λόγου. Philostrat. Sophist., II, xii, 2.

chantait l'oreille et prévenait favorablement l'auditoire[1]. Avec ces agréments naturels et ces dons extérieurs, Pollux n'eut aucune peine à se régler sur son brillant modèle, à imiter sa voix, à prendre ses allures, à reproduire l'élégance de sa toilette. Sa robe, d'une étoffe blanche et fine qui dessinait, comme celle des courtisanes, toutes les formes du corps, était semée de fleurs et sortait des ateliers renommés de Tarente; il avait pour chaussure, tantôt le brodequin de Sicyone en feutre blanc, tantôt la sandale attique aux nombreux crevés, et dont les bandelettes venaient s'entrelacer sur le cou-de-pied pour y former de gracieux dessins[2]. Sa démarche était mollement balancée, son cou légèrement incliné, son regard féminin, sa voix douce et mielleuse ; il exhalait l'odeur des parfums, grattait sa tête du bout du doigt, et ses cheveux, frisés avec art, retombaient en grappes d'hyacinthe sur ses épaules. A le voir ainsi paré et toujours entouré d'un cortège d'esclaves, on aurait pu le prendre, au dire de ses ennemis, pour le voluptueux Sardanapale, le délicat Cynire, ou bien Agathon, l'aimable poète tragique[3].

Tel était le personnage, cher à Vénus et aux Grâces, qui sortit de l'école d'Adrien de Tyr. Bientôt, à son tour, il attira tous les regards et put se proclamer lui-même «le roi de l'éloquence, monté sur le char de triomphe de la parole[4]».

Mais il avait négligé d'approfondir, à l'école d'Adrien de Tyr, la véritable science des sophistes. De tout l'art de son maître, il n'avait pris que l'extérieur, et se confiait pour le reste, dit Philostrate, à sa facilité naturelle et à son audace[5]. Aussi ses adversaires et ses envieux lui reprochaient-ils de faire consister la rhétorique dans un grand fonds d'ignorance corrigée par beaucoup d'aplomb, de hardiesse et d'impudence[6]. C'était, disaient-ils, en répétant un proverbe

---

[1] Philostrat.; *Sophist.*. II, xII, 4.

[2] Lucian. *Rhetor. præcept.*, 15.

[3] *Idem; Ibid.*, 11.

[4] *Idem; Ibid.*, 11. — Il est impossible d'affirmer que tous les traits de ce caractère s'appliquent exactement à Pollux. Mais Lucien, dans sa caricature, paraît avoir saisi la physionomie générale du personnage. Il est d'ailleurs, au moins pour l'ensemble du portrait, d'accord avec Philostrate.

[5] Philostrat. *Sophist.*, II, xII, 2.

[6] Lucian. *Rhetor. præcept.*, 15.

populaire, un homme qui marchait sans s'être lavé les pieds[1]. Seulement, si l'élève d'Adrien de Tyr avait tellement négligé les connaissances nécessaires aux sophistes, qu'il passait pour un ignorant aux yeux des doctes[2], il n'avait point oublié cette science de la critique à laquelle il avait été formé en Égypte par les leçons et les exemples de son père. Il en résulta que le nouveau sophiste, habile autant que personne à choisir les mots de l'attique le plus pur, n'avait ni plan ni méthode, et ne mettait jamais, sous ses expressions élégantes et sonores, que des lieux communs et des idées vulgaires. Le sophiste Athénodore, son contemporain et son rival, définissait ingénieusement cette éloquence creuse et retentissante en appelant les compositions de Pollux : des Jardins de Tantale[3] ; et Lucien disait la même chose lorsqu'il comparait les discours de ce brillant diseur et de ses pareils à ces vases de pacotille peints au dehors en rouge et en bleu, au dedans formés d'une argile cassante[4].

Mais la satire avait beau dire, la voix éclatante du sophiste à la mode, la mélodie de son intonation, son débit confiant et audacieux, son doux et gracieux sourire, les traits agréables dont il émaillait ses discours, faisaient illusion sur des auditeurs charmés, et cachaient tout ce que son éloquence avait de vide et de superficiel[5].

Au reste, si l'on considère la futilité des sujets que traitaient habituellement les sophistes, on ne saurait dire au juste que pour le fond des choses Pollux valût beaucoup moins que ses rivaux. L'éloquence n'était alors, suivant l'expression célèbre de Fénelon, qu'un art frivole dont se servaient des déclamateurs pour imposer à la faible imagination de la multitude, et pour trafiquer de la parole[6]. Rien de plus vain que leurs exercices ; rien de moins sérieux que tous ces talents, si compliqués et si difficiles à acquérir, qui constituaient à leurs yeux la fin des fins et l'art suprême. Leurs *chries*, faites avec tant de soin, véritable arsenal d'arguments à l'usage de l'orateur;

---

[1] Lucian.; *loc. cit.*, 14.
[2] Philostrat. *Sophist.*, II, xii, 1.
[3] *Idem; Sophist.*, II, xiv.
[4] Lucian. *Lexiphan.*, 22.
[5] Cf. Philostrat. *Sophist.*, II, xii, 4. Lucian. *Rhet. præc.*, 12.
[6] Fénelon ; *Lettre à l'Académie*, IV.

leurs *déclamations* sur des causes fictives ou sur des débats historiques vidés depuis plusieurs siècles ; leurs *dissertations* sur des lieux communs de littérature, de politique ou de morale ; leurs *panégyriques*, dans lesquels ils étalaient devant des assemblées nombreuses les grâces fardées et théâtrales de leur élocution ; leurs *lalies*, destinées à complimenter quelque personnage important sur son départ ou son arrivée : tous leurs discours, en un mot, n'étaient que des exercices de parade et l'ombre de la véritable éloquence[1].

Cependant, que de génie naturel et que de science acquise ne demandait pas ce vain simulacre ? Après avoir étudié avec les grammairiens les grands écrivains de l'ancienne Grèce, et meublé sa mémoire de leurs expressions, le futur sophiste passait à l'école des rhéteurs. Là, son maître lui faisait d'abord apprendre par cœur des modèles d'argumentation et de déclamation qu'il avait faits lui-même : il l'exerçait ensuite à composer à son tour, sur des sujets dont il fournissait le plan, les digressions et les lieux communs. C'était seulement après tous ces exercices préparatoires que l'élève se risquait à tirer de son propre fonds l'invention et la composition de ses discours, en tenant compte de toutes les distinctions, parfois bien subtiles, que les rhéteurs avaient introduites entre les genres oratoires. Quand il avait passé avec succès par toutes ces épreuves, il pouvait se présenter au forum et s'essayer dans l'éloquence judiciaire[2]. Mais l'art de parler devant des juges ne semblait à ces dilettanti de la parole qu'un art facile et secondaire[3] : l'art des arts, le seul qui pût faire atteindre les modernes à la hauteur des anciens, c'était d'imiter parfaitement les mœurs, les sentiments, les idées des personnages illustres, et de se mettre à leur place, de manière à faire illusion. Pour arriver à cet art suprême, on consacrait de longues veilles à se pénétrer du sens des auteurs, à étudier les passions de l'âme humaine : on faisait des efforts extraordinaires pour donner à sa voix de la souplesse et de la force ; à son geste du mouvement

---

[1] Consulter sur tous ces genres oratoires Is.-Christ.-Theoph.-Ernesti, *Lexicon technologiæ Græcorum Rhetoricæ*. Lipsiæ, 1795.

[2] Sur ces études des sophistes, voir Cresoll, Lehrs et surtout la *præfatio* de M. Kayser (Flavii Philostrati *quæ supersunt opera*).

[3] Cf. Philostrat.; *Apollon. Tyan.*, VII, 36.

et de l'énergie. Il fallait paraître tantôt passionné et tragique, tantôt plaisant et joyeux, et joindre les artifices du comédien aux talents de l'orateur[1]. Celui qu'une heureuse nature et un travail persévérant avaient élevé à ce comble de l'art, se prenait au sérieux comme un second Démosthènes[2], et se croyait aussi grand que s'il avait défendu la Grèce contre Philippe, ou prononcé l'oraison funèbre des guerriers morts pour la patrie. Dans sa vanité puérile, mais difficile à satisfaire, il s'irritait du moindre blâme et prenait, quand il parlait, la plus légère distraction de ses auditeurs pour une injure[3]. Un jour que le sophiste Alexandre défendait la cause des habitants de Séleucie devant l'empereur Antonin le Pieux, le prince ne paraissait pas apporter beaucoup d'attention à son discours ; l'orateur, élevant la voix : César, lui dit-il, écoutez-moi. L'Empereur, fortement ému de la hardiesse de cette apostrophe, lui répondit : Je vous écoute et je vous comprends ; vous êtes un homme qui prenez soin de votre chevelure, faites briller vos dents, polissez vos ongles et sentez toujours les parfums[4]. On ne rapporte pas ce que répartit le sophiste ainsi confondu ; mais pour un échec de ce genre, le célèbre Hérode Atticus eut un moment l'idée de se jeter dans le Danube : tant, pour ces âmes éprises de leur frivole éloquence, l'insuccès était un malheur insupportable[5].

Ils n'étaient pas seuls à priser bien haut leur talent oratoire, et tel était encore pour les Grecs le charme de la parole, que les lieux communs et les exercices déclamatoires, quand ils étaient relevés par des phrases brillantes et des tours ingénieux, avaient partout un prodigieux succès. Devant les tribunaux, où le rhéteur parlait debout ; dans l'école, où le sophiste était assis sur la chaire magistrale, il corrompait également ses auditeurs par les prestiges d'une improvisation fleurie, et ne leur laissait pas, au dire de Philostrate, la liberté d'aller au fond des choses[6]. Le succès était plus bruyant encore lorsque ces parleurs de métier quittaient leurs

---

[1] Cf. Kayser.
[2] Voir Philostr. ; *Vies de Polémon* et d'*Hérode* ; *Soph.*, I, 25 et II, 1.
[3] Lucian. *Rhet. præc.*, 19.
[4] Philostr. *Vit. Soph.*, II, v, 3.
[5] *Idem.*; *Ibid.*, II, x, 36.
[6] Cf. Pollux ; *Onomasticon*, VIII, 1 ; Philostrat. *Sophist.*, II, xii, 4.

occupations ordinaires pour aller, à la façon des charlatans, colporter leur éloquence frelatée de ville en ville. « Ils annonçaient un discours, dit M. Boissonade, comme aujourd'hui un voyageur annonce un concert, et les peuples accouraient de toutes parts pour les entendre et 'leur payer généreusement le plaisir qu'ils procuraient[1]. »

Pollux trafiqua de son talent comme les autres, et gagna crédit et richesse en composant des déclamations, des dissertations, des lalies et des panégyriques. Mais le succès et peut-être aussi ses travers et ses vices suscitèrent contre lui de redoutables inimitiés. La plus dangereuse fut celle du fameux Lucien de Samosate. Soit jalousie de métier, soit rivalité d'école, ce railleur caustique prit en haine le sophiste de Naucratis, et s'efforça de le rendre l'objet de la risée et du mépris publics. Tantôt il le laisse entrevoir sous les allusions transparentes de son *Lexiphane*, le beau parleur; tantôt il le montre comme le type du maître de rhétorique ignorant, cupide et débauché, et le désigne presque en toutes lettres quand il lui reproche d'avoir quitté son nom de Pothinus pour devenir l'homonyme des fils de Jupiter et de Léda[2].

Mais, ni les inimitiés ni les violentes diatribes de ses adversaires ne paraissent avoir arrêté la fortune de Pollux : le bruit de sa réputation arriva jusqu'à la cour, et Marc-Aurèle l'employa, suivant toute apparence, pour l'éducation de son fils Commode. Fut-il véritablement un des précepteurs du prince, et l'un de ces rhéteurs illustres que l'empereur-philosophe attira de toutes les parties de son empire, et retint par des pensions considérables pour vivre dans la maison de son héritier[3] ? On l'ignore, et lui-même, dans les préfaces de son *Onomasticon*, ne le dit jamais expressément. On sait seulement qu'il fut chargé d'enseigner au jeune César les élégances de la langue grecque[4], et que dans ce but il commença son grand ouvrage de lexicographie, dont il dédia successivement tous les livres au fils de Marc-Aurèle. Demeura-t-il longtemps attaché à la personne du prince ; le suivit-il dans

---

[1] *Biographie universelle* de Michaud. Art. Lucien.

[2] Lucian. *Rhetor. præcept.*, 24.

[3] Herodian. : I, 2. — Lampride désigne Onésicrite comme le maître donné pour la langue grecque à Commode (*Commod.*, 1); ce qui permet de supposer que Pollux était seulement en sous-ordre dans la maison du prince.

[4] Πρὸς εὐγλωττίαν συμβαλοῦμαι. *Onomast.*, I, 1.

ses voyages en Syrie, en Égypte et en Germanie ? Il est probable qu'on ne le saura jamais. Ce que l'on peut au moins affirmer, c'est que Pollux sut profiter, en habile courtisan, des avances que lui faisait la fortune. Dans toutes ses dédicaces, assez courtes du reste, il avait soin de vanter ses travaux, de faire remarquer les difficultés et l'excellence de son ouvrage, et d'insister sur cette idée que seul il était capable de l'entreprendre et de l'achever. C'est sans doute aussi pour plaire à ses maîtres qu'il fit, on ne sait à quelle occasion, le discours sur Rome qui figure dans la liste de ses œuvres. Et quand l'empereur, en l'an 177 avant Jésus-Christ, maria son fils avec Crispine, fille du consul C. Bruttius Præsens, et voulut célébrer cette union, qui devait tourner si mal, par des largesses faites au peuple, Pollux se hâta de prendre part à l'allégresse publique et d'adresser à son élève un discours nuptial[1].

Tant de zèle finit par obtenir sa récompense : après la mort de Marc-Aurèle, Commode, que charmaient d'ailleurs la voix et la prononciation mielleuse de son précepteur, lui donna la chaire d'Athènes, et Pollux reçut la place que l'éloquent Adrien de Tyr avait illustrée.

Mis à la tête de l'école d'Athènes, Pollux continua de composer des discours déclamatoires et de former des rhéteurs ; mais l'on ne sait plus rien sur sa vie, sinon qu'il mourut à l'âge de 58 ans, laissant un fils, légitime il est vrai, mais trop ignorant pour lui succéder dans sa profession[2].

Quand mourut-il ? Personne ne l'a dit. Les uns ne le font pas vivre au-delà du règne de Commode, les autres prolongent son existence presqu'à la fin de l'empire de Sévère ; l'histoire se tait sur ce point, et tout ce qu'elle peut conjecturer avec quelque probabilité, c'est qu'il était mort en 204, époque où l'un de ses successeurs dans la chaire d'Athènes, Héraclide, fut envoyé en ambassade auprès de Septime Sévère.

Quoi qu'il en soit, Pollux laissait, comme sophiste, une réputation contestée, et Philostrate résume assez bien l'opinion qui finit par prévaloir sur son compte quand il écrit : « Je ne sais si l'on doit appeler Pollux de Naucratis savant ou ignorant, quoiqu'il paraisse absurde de s'énoncer ainsi

---

[1] Suidas.
[2] Philostrat. ; II. XII, 4.

sur le compte de la même personne : car, à ne considérer que ses expressions en elles-mêmes, on voit qu'il était suffisamment exercé dans la langue attique; tandis que si l'on examine l'ensemble et la forme de ses discours, on ne trouve en aucune façon qu'il soit meilleur atticiste qu'un autre. Ce qu'il faut dire de lui, c'est qu'il était rompu à la critique, pour avoir vécu avec son père, qui connaissait très-bien cet art; et qu'en ce qui concerne la sophistique, il composait ses discours avec plus d'audace que de science, et se fiait à son talent naturel, qui n'était pas ordinaire[1].» La postérité a ratifié le jugement de Philostrate : toutes les œuvres du déclamateur ont péri dans le grand naufrage de l'antiquité ; les travaux du critique ont au contraire surnagé : les premières semblent avoir fait de son temps sa vogue et sa fortune[2] ; les autres assurent sa gloire et l'immortalité de son nom, — et ce Roi de la parole n'est plus connu que par un vocabulaire.

II.

L'Onomasticon. — Les Atticistes et le Lexiphane.

Pour comprendre comment Pollux, que ses succès oratoires avaient trompé sur son véritable mérite, en vint à descendre des hauteurs de l'éloquence pour composer un simple recueil de mots, il faut se reporter aux idées littéraires qui dominaient alors dans la plupart des écoles. On était au siècle des Antonins, époque d'érudition plutôt que de science, d'imitation plutôt que d'originalité, que l'on a fort bien définie en la nommant le règne de l'archéologie[3]. A force d'étudier les anciens auteurs, et surtout les orateurs d'Athènes, on était arrivé à croire qu'on pouvait les reproduire, et qu'il suffirait de pâlir sur leurs œuvres immortelles et de les copier servilement

[1] Philostrat. Sophist., II, xii, 1.

[2] Il est à remarquer que Philostrate, tout en accordant que Pollux était savant dans la critique, ne s'occupe absolument que de ses ouvrages de déclamation : preuve manifeste qu'à ses yeux, comme aux yeux des contemporains, le sophiste l'emportait sur le lexicographe. C'est par sa voix mielleuse, et non par son *Onomasticon*, qu'il a séduit Commode et obtenu la chaire d'Athènes.

[3] L'archéologie de l'art, voilà ce qui caractérise la littérature grecque à l'époque des Antonins. Émile Burnouf : *Histoire de la littérature grecque*, tom. II, pag. 345. 1869.

pour ramener l'art à sa forme antique. De cette admiration fort légitime, mais si mal entendue, était née une délicatesse incroyable, une antipathie fanatique pour tout ce qui ne ressemblait pas aux classiques. Depuis que, sous le règne d'Adrien, un rhéteur d'Halycarnasse, du nom d'Aelius Diony-sius, s'était acquis le surnom d'Atticiste en recueillant et en disposant, sui-vant l'ordre de l'alphabet, cinq livres de mots attiques, il s'était formé dans toutes les villes grecques, et même à Rome, une école exclusive qui ne vou-lait plus admettre d'autres expressions que les expressions autorisées par les grands écrivains d'Athènes et se refusait à désigner par des mots modernes les idées et les objets que n'avaient pas connus les anciens [1].

C'est ainsi que plus tard les Précieuses essayèrent chez nous d'épurer la langue française, mais l'entreprise de nos grammairiens et de nos femmes savantes était bien plus sensée et bien plus praticable que celle des Atti-cistes. Les premiers voulaient seulement débrutaliser le langage, en le débarrassant des mots qui leur paraissaient vulgaires et surannés ; les autres essayaient de faire revivre une langue hors de mode, et de la mettre à la place de la langue usuelle. Le progrès des idées, le changement des mœurs, les révolutions opérées dans le monde par l'expédition d'Alexandre et la con-quête romaine, tout cela leur paraissait non avenu ; pour contenter leur délicatesse, il fallait au moins remonter cinq siècles en arrière. «Hé! mon ami, disait à l'un d'eux le philosophe Démonax, c'est aujourd'hui que je t'in-terroge, et tu me réponds comme du temps d'Agamemnon [2]! » Mais les raille-ries n'avaient point de prise sur ces archéologues enragés, qui considéraient une façon de parler nouvelle comme un crime, et pour lesquels Ménandre et les auteurs de la nouvelle Comédie n'étaient que des Attiques bâtards [3]. Il faut

---

[1] Galien, qui dans sa jeunesse avait composé des recueils de mots attiques (Voir Galen. *De libr. propr. libr.* cap. XVIII, et *De ordine librorum suorum*, éd. Kühn, tom. XIX, pag. 48, 61), se moque de cette affectation (*Ibid.*, pag. 61); et dans son livre *De prænotione*, chap. V, éd. Kühn, tom. XIV, pag. 625, il parle d'un certain Charilampus, valet de chambre, dit-il, comme le nomment aujourd'hui tous les Grecs, mais garde du corps, ainsi que s'ex-priment ceux qui affectent l'atticisme, τοῦ κοιτωνητοῦ μὲν, ὡς ἅπαντες οἱ νῦν Ἕλληνες ὀνομάζουσι, σωματοφύλακος δὲ, ὡς οἱ περιέργως ἀττικίζοντες.

[2] Lucian. *Demonax*, 26.

[3] Οἱ νόθως Ἀττικίζοντες. Phrynichi *Eclogæ nominum et verborum atticorum*. Trajecti ad Rhenum, 1739, in-4°, p. 26.

voir avec quel dédain transcendant le plus intraitable d'entre eux, l'Arabe Phrynichus, traite ces barbares[1] qui, poussés par un mauvais génie, osent parler un autre langage que celui de Démosthènes. Il s'étonne, il s'afflige, il se voile la face, il ne trouve pas d'expressions assez fortes pour les flétrir[2]. A ses yeux, Xénophon, l'abeille attique, est un traître dont il faut se défier : il viole les lois de la langue nationale[3]. Aristophane est un modèle plus sûr, mais il ne faut pas oublier que c'est un farceur capable de commettre exprès des fautes pour faire une parodie[4]. Ainsi, les plus grands noms ne trouvaient pas grâce devant leur brutale orthodoxie, et ces modernes d'origine étrangère et qui n'étaient pas certains de dire deux mots corrects, s'acharnaient à convaincre de barbarie les anciens auteurs qui s'étaient le plus illustrés par les grâces et la pureté du langage. Sans partager complète-ment tous les travers de ces puristes à outrance, Pollux appartenait à leur École, et l'on peut même dire que la critique était sa principale science. Il n'est donc point étonnant qu'en recueillant, comme le faisait son contem-porain Phrynichus, les termes du beau langage, non-seulement il n'ait pas cru s'abaisser, mais encore ait tiré vanité d'une œuvre aussi méritoire. L'*Ono-masticon* est cependant, il faut le dire, moins exclusif et moins étroit que le *Vocabulaire* de Phrynichus. Le sophiste de Bithynie n'a qu'une pensée : signaler les expressions que doivent éviter ceux qui veulent parler comme les anciens et les classiques[5]; le plan de Pollux est plus large : sans doute il distingue, comme son émule en atticisme, les termes classiques des termes vulgaires, mais il s'attache surtout à rassembler tous les mots usités qui peuvent servir à nuancer la pensée[6]; et, si son recueil se recommande par le choix, il se recommande encore plus par l'abondance et la variété. Le Lexique de Phrynichus n'est qu'une espèce de cacologie à l'usage des puristes ; le Vocabulaire de Pollux, au contraire, un livre précieux dont ne peuvent se

---

[1] Pag. 150.
[2] Pag. 110, 102, 105.
[3] Pag. 48 et 30.
[4] Pag. 173.
[5] Ἀρχαίως καὶ δοκιμῶς, pag. 4.
[6] Ὡς ὑπαλλάττειν δύνασθαι. Pollux ; *Onomasticon*, I, 1.

passer les érudits qui veulent connaître la langue, les mœurs et les institutions des anciens Grecs.

Toutefois Pollux, en se résignant à faire un dictionnaire, n'oublie pas qu'il est sophiste, et cherche à répandre quelque agrément sur un sujet aussi aride. C'est dans ce but qu'il raconte quelques historiettes à l'occasion de certains mots et de certains usages; c'est surtout dans ce but qu'il ne dispose point son recueil par ordre alphabétique, mais par séries de matières : de sorte que c'est moins un lexique qu'un catalogue raisonné de renseignements précieux sur les mœurs, les usages, les institutions, les arts et même les sciences des anciens Grecs. Pollux était très-fier de cette ingénieuse disposition, et s'en vante en phrases symétriquement arrangées. «Une liste de mots, dit-il, est naturellement odieuse ; mais par l'art de la disposition j'ai su lui donner une forme agréable, de telle sorte qu'en le lisant on ne souffre pas de la fatigue de la lecture, mais l'on désire aller plus avant[1].»

Le sophiste se fait certainement un peu d'illusion sur l'intérêt de son livre; on ne saurait parcourir de suite cette vaste compilation sans ennui. Mais il faut convenir que lorsqu'on se contente d'en étudier un chapitre, l'on éprouve un certain plaisir à trouver ainsi rassemblés par une main habile tant de mots et de renseignements sur un même sujet. C'est là le plus grand mérite et l'originalité de l'Onomasticon.

Il semble que cet arrangement agréable des termes les plus élégants et les mieux choisis de la langue grecque n'ait pas satisfait la coquetterie du sophiste, et qu'il ait voulu les disposer avec plus d'art encore, en les groupant dans de petites scènes de la vie familière. C'est du moins ce que l'on peut supposer en lisant un des dialogues dirigés par Lucien contre Pollux, et dans lequel le mordant écrivain paraît transcrire, ou plutôt travestir, un écrit de ce genre. En voici quelques passages :

«Quand l'heure est venue, nous nous mettons à souper, appuyés sur le coude, assis sur des pliants et sur des tabourets. C'était un souper par écot. Les mets étaient nombreux et de toute espèce: pieds de cochon, jambon, tripes, ventre d'une truie-mère où séjourna l'embryon, foie sauté à la poêle, hàchis, macédoine de fruits et de légumes, d'autres ragoûts et bons morceaux

---

[1] Onomastic., livr. IV.

de ce genre, des friandises enveloppées dans des feuilles de figuier, des gâteaux au miel. Ajoutez-y de nombreux poissons à peau cartilagineuse, retirés du fond des eaux, tous les crustacés, des tranches de sarget du Pont, des anguilles du lac Copaïs, une poule domestique, un poisson de vivier. Nous avions encore une brebis cuite tout entière au four, avec un cuissot de bœuf édenté. Les pains étaient de pur froment, d'une qualité excellente, avec d'autres faits à la nouvelle lune, en retard pour la fête. De plus, toutes les espèces de légumes qui croissent sous la terre ou par-dessus. Le vin n'était pas vieux, il sortait de l'outre ; ce n'était plus du vin doux, mais il manquait d'être plus cuit [1].»

On peut juger, par cet échantillon, de l'ouvrage dont Lucien a voulu faire la parodie. C'était un livre qui devait ressembler aux *Colloques* d'Érasme, et réunir, sous prétexte d'entretiens familiers et de peintures de la vie domes-tique, toutes les façons de parler autorisées par les écrivains classiques. Mais n'était-il pas souverainement ridicule de n'employer, dans ces descriptions des usages de tous les jours, que des expressions tombées en désuétude, et d'en bannir au contraire tous les mots de la langue usuelle ? Lucien, qui détestait Pollux, saisit cette occasion de se moquer en même temps de son rival et des Atticistes, et composa cette caricature aristophanesque qui porte le nom de *Lexiphane*, le beau parleur. Là, tous les travers de l'École, l'affectation du vieux langage, la recherche des phrases sonores, le défaut de courir après l'expression avant de songer à l'idée, l'enflure et l'obscurité, sont parodiés avec une verve impitoyable. « Sans songer à nous, disait le satirique en développant le mot de Démonax, sans songer à nous, qui vivons avec eux, ils nous parlent comme on parlait il y a mille ans, bouleversent la langue actuelle, composent des mots bizarres et s'appliquent à cet exer-cice, comme si c'était une rare prouesse de paraître étrange et d'altérer la monnaie courante du langage ordinaire[2].»

Dans cette guerre des défenseurs de la langue commune contre les hyper-attiques, Pollux ne se résigna point à recevoir des coups sans en porter lui-même. Il y avait, parmi les amis de Lucien, un sophiste nommé Socrate,

---

[1] Lucian. *Lexiphane*. — Je reproduis en partie la traduction de M. Talbot.
[2] Lucian. *Lexiphane*, 19.

originaire de la ville de Mopsueste, en Cilicie. Ce sophiste, fameux par ses bons mots et ses piquantes reparties, aimait à se railler doucement de ceux qui solécisaient par excès d'atticisme [1]. C'est contre ce railleur que l'auteur de l'*Onomasticon* dirigea des attaques. Il écrivit, pour le combattre, un traité dont Suidas nous a conservé le titre. Avait-il été seulement blessé par quelque coup de langue; voulait-il riposter à quelque traité fait contre les Atticistes? On l'ignore; mais son livre eut quelque retentissement, puisqu'il existait encore au temps de Suidas [2].

Comment l'auteur du livre contre Socrate de Mopsueste, le puriste qui n'avait guère admis dans son *Onomasticon* que des expressions de la langue littéraire, fut-il conduit à composer, avec son vocabulaire classique, un lexique tel que celui que vient de publier M. Boucherie? C'est une question sans doute bien difficile à résoudre; car, ainsi que l'éditeur le fait remarquer avec raison, tandis que l'*Onomasticon* est un ouvrage savant, un ouvrage aristocratique en quelque sorte, les Ἑρμηνεύματα sont un recueil de mots puisés dans la conversation journalière et dans la langue commune. On a bien vu des patriciens déroger, mais a-t-on vu Vaugelas se résoudre à parler dans ses livres la langue de Martine ?

III.

Les Ἑρμηνεύματα.

A ne considérer, en effet, que le contraste entre les deux œuvres, on ne saurait attribuer les Ἑρμηνεύματα à l'auteur de l'*Onomasticon*. Mais l'on a, pour le faire, un témoignage précis, c'est celui d'Hermonyme, qui a copié au commencement du XVIᵉ siècle la Καθημερινὴ ὁμιλία, et la donne formellement comme l'ouvrage de Pollux. Or, cet opuscule n'est, ainsi que le déclare lui-même l'écrivain qui l'a composé, qu'une partie d'un ouvrage plus étendu.

---

[1] Lucian. *Pseudosoph.* 5.

[2] Peut-être Suidas n'a-t-il connu cette composition que par un ouvrage de seconde main ? — Ce qui est certain, c'est qu'il se contente de dire *contre Socrate*, sans nommer le Socrate contre lequel le livre était dirigé. On en a conclu qu'il s'agissait du célèbre philosophe d'Athènes. Pourquoi ne s'agirait-il pas plutôt d'un contemporain de Pollux ?

L'œuvre entière contenait trois livres et portait le titre général d'Ἑρμηνεύματα[1]. Par conséquent, si ce fragment est de Pollux, les autres doivent également lui appartenir.

Hermonyme de Sparte était, il est vrai, un de ces Grecs fugitifs, plus fameux par leur pays que par leur science[2], qui venaient en Occident vendre à prix d'or des leçons d'une langue qu'ils savaient à peine lire. Mais son ignorance même est une garantie de sa sincérité. S'il transcrit en tête de sa copie le nom de Pollux, c'est qu'il a trouvé ce nom dans l'exemplaire qu'il avait sous les yeux. Était-il assez instruit pour savoir qu'il y eût un lexicographe appelé Pollux[3]?

Notre sophiste serait donc l'auteur du *Manuel de conversation* et du *Glossaire* contenus dans les manuscrits de Paris et de Montpellier[4]. Mais alors, quelle raison déterminante a pu le porter à composer cet ouvrage d'un ordre inférieur? L'amour du gain, répond M. Boucherie. «Avec son *Onomasticon* adressé à Commode, Pollux justifiait d'avance ou cherchait à justifier le choix du prince qui l'appela à la chaire d'éloquence ; avec ses Ἑρμηνεύματα destinés à tant de lecteurs et d'acheteurs, il pouvait gagner beaucoup d'argent[5].»

Nous le savons par les reproches de ses ennemis, Pollux n'était pas inaccessible à de pareilles considérations ; il était avide et intéressé. L'or ne sent pas mauvais, avait dit un empereur : fallait-il, sur le trône où s'asseyaient les rhéteurs d'Athènes, se montrer plus délicat que sur le trône des Césars?

Au reste, un sophiste tel que Pollux devait faire dignement les choses. Ceux qui l'avaient précédé dans la composition de ces Manuels de conver-

---

[1] D'après le manuscrit de Paris, l'ὁμιλία formerait le 3e livre ; d'après le ms de Montpellier, au contraire, elle appartiendrait au 1er. — Le 1er livre, selon le ms de Paris, aurait contenu une série de mots rangés par ordre de matières. C'est cette série qu'a retrouvée M. Boucherie, à Montpellier, dans la bibliothèque de l'École de médecine. — Le 2e livre, si l'on s'en rapporte aux indications du ms de Paris, se serait composé d'un groupe de mots disposés par ordre alphabétique. Ce glossaire, dit M. Boucherie (pag. 15), n'existe nulle part.

[2] Beati Rhenani *Ep. ad Reuchlin.*, fol. 52.

[3] M. Boucherie, pag. 13.

[4] Je ne dois pas dissimuler que le témoignage d'Hermonyme ne semble pas concluant à des juges bien doctes et bien compétents.

[5] M. Boucherie, pag. 13.

BIBLIOTHÈQUE NATIONALE R. F. IMPRIMÉS

3

sation grecque et latine, pauvres hères sans talent et sans renommée, avaient travaillé par cupidité et simplement pour s'exercer : ils n'avaient pas mis dans leur œuvre le sérieux que demandait l'importance de l'entreprise. Pour lui, bien pénétré de la gravité de son sujet, il dédaigne la vaine gloire et n'a d'autre ambition que de rendre manifeste à tous les yeux que «personne, excepté lui, ne saurait faire quelque chose d'aussi exact et d'aussi parfait[1]». A ce début, l'on reconnaît aisément le naïf contentement de soi-même qui caractérisait Pollux, et se traduit presque sous la même forme dans une des préfaces de son *Onomasticon*? « Voyez, écrivait-il à Commode, si quelque autre, parmi les Grecs d'aujourd'hui, a su trouver tant de choses et tant d'expressions[2] ! » Dans les deux passages n'est-ce pas le même homme qui parle, ce sophiste vaniteux qui, suivant l'expression de Lucien, s'imaginait qu'il était le premier parce qu'il ravalait les écrits de tout le monde[3] ? En un sens, et dans les deux cas, cette vanité puérile était légitime. Personne ne met en doute l'immense utilité de l'*Onomasticon*, ce livre dont le mérite littéraire est nul, mais dont l'importance historique et philologique est incontestable[4]. L'utilité des Ἑρμηνεύματα, soit qu'on se reporte au temps pour lequel ils ont été composés, soit qu'on les considère au point de vue de la science moderne, n'est pas moins réelle. Quand ils parurent, l'œuvre des premiers Césars et des Antonins achevait de s'accomplir, et la longue élaboration de l'unité romaine touchait à sa fin. Un enseignement régulièrement organisé dans tout l'empire et largement rétribué par l'État, répandait à la fois dans tout le monde romain les institutions de Rome et les sciences de la Grèce. Mais, pour que le progrès fût complet, il fallait que les Romains apprissent le grec, que les Grecs se missent à parler latin. L'auteur des Ἑρμηνεύματα eut donc le mérite de contribuer à l'unité de l'empire. Tantôt par ses dialogues, un peu naïfs, il faut l'avouer, il familiarisait les enfants grecs avec les usages de la vie et de l'administration romaines, les enfants romains avec les habitudes de la

---

[1] Ἑρμηνεύματα, pag. 9.
[2] Pollux; *Onomasticon*, IV, 1.
[3] Lucian. *Lexiphane*, 23.
[4] Em. Burnouf; *Hist. de la littér. grecque*, tom. II, pag. 349, 350.

vie grecque; tantôt, dans de petits vocabulaires spéciaux, disposés par ordre de matières, à l'instar de son *Onomasticon*, il apprenait aux uns et aux autres les termes propres à chaque profession dans les deux langues. L'œuvre, telle qu'elle nous est parvenue, peut être l'objet de justes critiques : mais la preuve qu'elle a été utile, c'est qu'elle était nécessaire et qu'elle a servi de modèle à tout ce qui s'est fait plus tard dans le même genre. En effet, les travaux de cette espèce s'étaient multipliés dans le siècle des Antonins ; et quand Pollux, ou l'auteur inconnu des *Ermeneumata*, entreprit de composer le sien, il déclara qu'il reprenait en sous-œuvre un sujet déjà traité. Mais il y réussit mieux que les autres, et son œuvre devint le type des Manuels de conversation que l'on composa plus tard. On y prenait, on y laissait, on y ajoutait à son gré, et ce plagiat paraît avoir commencé, sinon du vivant, au moins peu d'années après la mort de l'auteur ; si bien que déjà, en 207 avant J.-C., un compilateur anonyme, connu jusqu'ici sous le nom de Dosithée Magister, semble y avoir puisé à pleines mains[1] : tant était déjà grande, sous le règne de Septime Sévère, la popularité des Ἑρμηνεύματα.

Si nous voulons maintenant considérer au point de vue moderne l'œuvre présumée du sophiste de Naucratis, il ne sera pas difficile d'en montrer tous les avantages. Notons tout d'abord les curieux renseignements que l'auteur nous donne sur l'emploi de la journée chez les Romains. Comme il s'adresse particulièrement à des jeunes gens, il prend tout d'abord un enfant à son lever, fait sa toilette du matin, le mène saluer ses parents, puis le conduit à l'école. Il en profite pour nous faire connaître les exercices d'une classe romaine. On y voit l'écolier qui écrit sur ses tablettes, le maître qui efface et corrige, le sous-maître, les moniteurs choisis parmi les plus grands, les leçons qu'on récite, les petites querelles des écoliers entre eux. Entre les deux classes, car le temps du travail était à Rome divisé comme il l'est chez nous, l'enfant retourne au logis pour prendre une légère collation : du pain, du fromage, des olives, des noix ou des figues avec un verre d'eau froide, en font l'affaire. La classe du soir terminée, l'écolier rentre à la maison, se lave les mains et le visage, change de vêtements et va saluer ses parents et leurs

---

[1] Voir l'Appendice.

amis[1]. Après la journée d'un écolier, vient celle d'un homme fait qui vaque à ses affaires. Il s'habille, sort, visite ses amis ou ses patrons, comparaît au tribunal, s'entretient avec ses avocats, entre chez les marchands, se rend aux bains, — puis revient chez lui pour souper, et, quand sa journée est ainsi remplie, finit par aller se coucher.

Ce qui fait le prix de ces détails sur les habitudes privées des anciens, c'est qu'ils sont tirés seulement de la vie réelle. Ce n'est plus, comme dans les scènes que parodiait Lucien, un pastiche péniblement composé avec des réminiscences plus ou moins exactes: ce sont les usages de tous les jours, exprimés avec les termes mêmes de la langue courante; l'art y manque complètement, mais c'est la réalité prise sur le fait par un témoin fidèle.

Ces entretiens familiers, qui nous font vivre, pour ainsi parler, de la vie même des anciens, forment le premier livre des Ἑρμηνεύματα. Ils sont suivis de deux autres livres où les mots des deux langues ne sont plus, comme dans le premier, arrangés pour former de petites scènes, mais disposés, d'abord par séries de matières, puis par ordre alphabétique. Ici encore, tous ceux qui s'occupent de l'antiquité pour un objet quelconque sont sûrs de rencontrer quelque renseignement nouveau. C'est ainsi, par exemple, que ceux qui étudient l'histoire de la religion romaine y apprennent le nom de *Collini*, que portait le second Collège de Saliens établis par le roi Tullus Hostilius sur le mont Quirinal et consacrés à la peur et à l'épouvante. Ceux qui s'occupent de l'armée y voient que les vétérans rappelés au service, sous le nom d'*Evocati*, avaient rang de sous-officiers, et venaient immédiatement après les centurions. On peut même dire que, sur l'origine de certains usages et de diverses institutions, ce curieux lexique rectifie des opinions généralement admises. Ainsi, l'on croyait jusqu'ici que la noblesse administrative de l'empire romain était inconnue avant Constantin; c'est une opinion sur laquelle il faut revenir: nous trouvons dans Pollux, c'est-à-dire à la fin du second siècle, des *Egregii*, des *Perfectissimi* et des *Clarissimi*, preuve manifeste que cette hiérarchie n'a pas été créée par le premier empereur chrétien[2].

---

[1] Ms de Paris; pag. 204 et 208.

[2] Pollux, édit. Boucherie, pag. 81. Cf. Walter, *Geschichte der Römischen Rechts bis auf Justinian*, zweit. Th., 402. — Le titre de *Clarissime* est déjà dans Ulpien, fr. 8, D. I, 9; et dans Lampride, *Alexand.*, 20. Pour les *Egregii*, voy. Paul, fr. 15, D. xii, 2.

Le titre même d'*Excellentissime*, qui ne se donnait qu'aux empereurs et que l'on n'avait pas encore rencontré avant le vᴵᴵᴵᵉ siècle[1], se voit déjà dans Pollux.

D'autres fois, un mot qu'on croyait du moyen âge, passe, grâce au lexique nouveau, de la basse latinité dans la moyenne: ainsi, *massarius*, que l'on trouvait pour la première fois dans les lettres de Cassiodore, avec le sens d'intendant ou de fermier d'une grande exploitation agricole, devient au moins contemporain des Antonins, avec la signification qu'il aura trois siècles plus tard. Pollux lui donne même pour synonyme un mot bien formé, mais que n'avait encore nommé aucun lexique: *habitor,* le tenancier, et, chose étonnante, onze cents ans après Pollux, la tenure féodale portait encore, en Dauphiné, le nom d'*habitio*[2], tant les expressions ont la vie dure[3]! Horace n'a-t-il pas raison lorsque, après avoir dit que les mots tombent et périssent comme les feuilles, il se ravise, et se hâte d'ajouter : bien des termes renaîtront qui sont disparus depuis longtemps.

> *Multa renascentur quæ jam cecidere.*

C'est surtout pour cette histoire des mots que le nouveau livre de Pollux est utile. Qu'on le lise avec attention, que l'on consulte surtout les curieux glossaires dressés par M. Boucherie, et l'on apprendra la différence de la langue littéraire et de la langue de la conversation. On constatera au contraire la ressemblance frappante des expressions poétiques et des expressions populaires. Alors on pourra se faire une idée juste de cette chose étrange qu'on appelle une langue vivante, et l'on comprendra comment le langage humain, tout en restant fidèle au type de la famille des hommes qui le parlent, se transforme et se modifie sous la double action des lieux et des événements.

Le *Manuel de conversation* serait donc, au dire d'Hermonyme, la dernière œuvre de Pollux ; et si, comme le pense M. Boucherie, le savant

---

[1] V. Ducange, vᵒ *Excellentia.*

[2] *Ibid.,* vᵒ *Habitio.*

[3] Il faut toutefois se défier un peu, en cette matière, du lexique publié par M. Boucherie. Ces sortes de livres ne nous arrivent jamais tels qu'ils sont sortis des mains du premier auteur. Les copistes y ajoutent, et le neuf est souvent difficile à distinguer du vieux.

sophiste l'entreprit surtout pour gagner de l'argent, on peut dire que son intérêt particulier a servi l'intérêt général, et que les Ἑρμηνεύματα, sans avoir autant de valeur que l'*Onomasticon*, peuvent néanmoins, s'ils sont de lui, figurer avec honneur dans la liste de ses ouvrages.

On peut maintenant se faire une idée nette de la vie et des travaux de Pollux. Il a commencé par être un critique ou, si nous aimons mieux, un philologue ; mais il était ambitieux et avide, et la critique ne donnait ni la renommée ni la fortune. Il a cherché l'une et l'autre dans les occupations brillantes et lucratives des sophistes ; et, grâce à ses talents naturels, il a passé pour un beau discoureur, il a même tenu l'état d'homme éloquent dans la patrie de Démosthène. Marc-Aurèle, en lui demandant de composer pour son fils Commode un recueil d'expressions choisies, l'a remis dans la voie qui convenait à son esprit, et le bruyant et frivole sophiste est devenu un sérieux lexicographe. Ses succès de rhétorique avaient fait sa réputation, ses travaux de critique ont assuré sa gloire. Mais la postérité ne connaissait que son ouvrage sur la langue littéraire des Grecs ; on peut croire désormais, grâce à M. Boucherie, qu'il n'excellait pas seulement, dans la science du grec classique, mais qu'il avait encore étudié le grec de la conversation, et qu'il y joignait la connaissance du latin. Cette découverte ne viendrait-elle pas compléter fort heureusement la physionomie du savant lexicographe ?

Au reste, l'histoire de Pollux est l'histoire même de ses contemporains. Presque tous ont voulu se rendre illustres par les vaines parades des sophistes et des rhéteurs ; beaucoup sont ainsi arrivés à faire parler d'eux, et ont été bruyamment célébrés comme de grands orateurs. Mais tout ce qu'ils ont fait en ce genre, poèmes, déclamations, panégyriques, ou bien n'a pas été conservé, ou bien parait sans grande valeur aux yeux des modernes. C'est qu'ils se sont trompés sur la nature et la force de leur talent. Nés et élevés pour être des biographes, des érudits, des critiques et des archéologues, ils ont cru qu'ils devaient se faire des orateurs et des poètes. Ceux-là seulement ont acquis un nom durable qui ont travaillé dans le sens de leur éducation, et se sont montrés fidèles au génie de leur époque. Plutarque a fait ses *Vies parallèles* et ses *Traités de morale*, Lucien ses mordants *Dialogues*, Athénée son *Banquet des sophistes*, Pausanias sa

Description de la Grèce. Voilà les œuvres qui font la gloire du siècle des Antonins. Quant aux sophistes qui n'ont été que sophistes, c'est-à-dire déclamateurs, on peut dire de tous ce que l'on a dit de l'un des plus célèbres, d'Ælius Aristide : « Pourvu qu'il charme l'oreille, il s'inquiète assez peu de parler au cœur et à l'esprit[1]. »

Pollux, avec moins de talent oratoire, avait le même travers, et, s'il n'avait fait que des déclamations, il ne serait connu de la postérité que par les sarcasmes de Lucien; mais il a fait l'*Onomasticon*, et peut-être les Ἑρμηνεύματα : c'est assez pour racheter la vanité et les peccadilles du sophiste, et faire désirer que Lucien, en le décriant, n'ait eu recours qu'au mensonge et à la calomnie.

---

[1] Alexis Pierron; *Histoire de la littérature grecque*, pag. 543. 1869.

APPENDICE

—

I. — Les savants qui se sont occupés jusqu'ici de Pollux le font générale-ment mourir vers la fin du règne de Commode ou sous l'empire de Pertinax, c'est-à-dire dans les dix dernières années du IIe siècle. M. Boucherie, s'appuyant sur des raisons qu'il se contente d'indiquer et doit développer plus tard, pense que la vie de ce sophiste a pu se prolonger jusqu'en 208 et même jusqu'en 210[1]. Je vais dire brièvement les motifs qui m'empêchent d'adopter cette conjecture et me font incliner à l'opinion commune.

1° Si Pollux avait vécu jusqu'en 208, comme il avait atteint 58 ans à l'époque de sa mort, il en résulterait qu'il serait né en 150, et n'aurait eu par conséquent que 30 ans à l'avènement de Commode. Or, de l'aveu de M. Boucherie lui-même[2], il avait publié une partie de son *Onomasticon* deux ou trois ans au moins avant cette époque. Est-il admissible qu'il eût alors l'érudition immense que suppose nécessairement une pareille compilation ? Sans doute, au même âge, Racine avait fait *Andromaque* : mais, si une tragédie exige plus de génie naturel, elle demande moins de science acquise qu'un dictionnaire. Henri Estienne n'entreprit son *Thesaurus* qu'à 32 ans, et ne le mit au jour qu'à 44 : il lui avait donc fallu douze ans pour recueillir

---

[1] Un examen attentif de la vie de Pollux, rapprochée des vies des autres sophistes, rappro-chée aussi de celles de Philostrate..., m'a prouvé que Pollux avait pu vivre jusqu'en 208, peut-être même jusqu'en 210, mais non au-delà. (M. Boucherie; *Introduction*, pag. 10 et 11.)

[2] *Introduction*, pag. 11. Que dire si, comme il est probable, la composition de l'*Onomasticon* commencé plus tôt que ne le croit M. Boucherie ?

les matériaux de cette grande œuvre. Admettons pourtant que Pollux ait été, comme érudit, plus précoce que Henri Estienne : il faut admettre aussi que, comme maître de rhétorique, il a été beaucoup plus précoce encore. Je vais essayer de le démontrer.

2° Le seul disciple de Pollux dont Philostrate nous ait conservé le nom est Antipater d'Hiérapolis, qui fut lui-même maître de rhétorique, secrétaire de Septime Sévère pour les lettres grecques[1], précepteur de Caracalla et de Géta, et enfin consul et gouverneur de Bithynie. Cet Antipater se laissa mourir pour se soustraire à la vengeance de son élève Caracalla, dont il avait eu la généreuse imprudence de provoquer le colère, en déplorant le meurtre de Géta. Sa mort a donc dû suivre d'assez près celle du malheureux prince, c'est-à-dire arriver vers 212 ou 213[2]. Il avait alors 68 ans[3], ce qui porte à 146 ou à 145 l'année de sa naissance, et le rend plus âgé que son maître Pollux, s'il est vrai que ce dernier ne mourut qu'en 208.

Le fait de disciples plus âgés que leur maître s'est assez souvent reproduit pour qu'on n'attache pas trop d'importance à cette difficulté ; mais voici quelque chose de plus grave.

3° Pollux eut parmi ses successeurs, dans la chaire d'Athènes, Héraclide de Lycie. Ce sophiste le remplaça-t-il immédiatement ? Je ne le crois pas, et j'incline à penser qu'il ne vint qu'après Pausanias le Cappadocien. Mais il est hors de doute qu'Héraclide était déjà professeur officiel lorsqu'il se rendit à Rome auprès de l'empereur Septime Sévère[4]. On ne sait pas au juste en quelle année. Oléarius place ce voyage en 194[5] : c'est trop tôt, à mon sens, et Septime ne séjourna guère à Rome avant 202[6] ; mais Héraclide a pu venir en Italie après que l'empereur fut de retour de ses expéditions d'Orient, avant le voyage que le prince fit en Afrique, selon Philostrate[7],

---

[1] Philostr. *Sophist. vit.*, II, xxiv. 1. Antipater était déjà secrétaire, vers 195 ou 197, quand Septime était en Orient. Philostr. *Soph.*, II, xxv. 4.

[2] Λέγεται ἀποθανεῖν καρτερίᾳ μᾶλλον ἢ νόσῳ. Le γὰρ de la phrase suivante indique bien la cause de cette mort volontaire. Philostr. *Soph.*, II, xxiv, 2.

[3] *Ibid.*

[4] Philostr. *Soph. vit.*, II, xx, 2 ; xxvi, 3.

[5] Dans la chronologie qu'il a mise à la suite de la *Vie des Sophistes*, pag. 641.

[6] Tillemont ; *Hist. des Emper.*, tom. III, pag. 65.

[7] Philostr. *Soph.*, II, xx, 2. Ce voyage n'est indiqué nulle part ailleurs, mais Spartien

c'est-à-dire entre 202 et 204. Pollux était donc à cette époque remplacé dans sa chaire, et comme rien ne fait supposer qu'il en eût été privé de son vivant, il faut bien en conclure qu'il était mort.

Il l'était même déjà depuis un certain temps si, comme on a quelque droit de le présumer d'après l'ordre adopté par Philostrate[1], il avait eu pour successeur immédiat, non pas Héraclide, mais Pausanias. Dans cette hypothèse, il ne faudrait pas s'éloigner beaucoup, pour la date de sa mort, de l'époque indiquée par Hemsterhuis, c'est-à-dire de 193.

Pollux serait donc né vers 135, à la fin du règne d'Adrien ; son enfance et sa jeunesse se seraient passées sous Antonin le Pieux, et sa célébrité aurait commencé, non pas dans les dernières années, mais au milieu de l'empire de Marc-Aurèle. C'est précisément ce que dit le scoliaste de Lucien[2].

II. — Mais, si Pollux est mort vers 193, comment lui attribuer, avec Hermonyme de Sparte, la Καθημερινὴ ὁμιλία de Paris, et par suite les Ἑρμηνεύματα de Montpellier[3], puisque ces deux ouvrages ne paraissent avoir été composés que vers 207 ?

Il est vrai que l'auteur inconnu dont les manuscrits de Leyde et de Saint-Gall nous ont conservé les *Interpretamenta*, a donné lui-même la date certaine de son recueil, lorsqu'il a dit au commencement de son extrait d'Hygin : « Je l'ai transcrit le troisième jour des Ides de septembre, sous le consulat de Maximus et d'Aper (11 septembre 207). Et, comme cet extrait

---

(*Sever.*, 18) et Aurélius Victor (*De Cæs.*, 20) semblent y faire allusion. La médaille célèbre de la XIIe année de Sévère, et qui porte : INDVLGENTIA AVGG. IN CARTHAG., n'aurait-elle pas été frappée à l'occasion de ce voyage? Cf. *Fr.* Paul., VIII, § 11 ; *Digest.* L, 16.

[1] Philostr. *Soph. vit.*, II, XIII et XIV.

[2] Συγχρόνῳ ἄμφω Λουκιάνος καὶ Πολυδεύκης · ἐπὶ γὰρ Μάρκου τοῦ Αὐτοκράτορος.— Inter Lucian. *Opp.*, ed. Reitz, 1746, tom. III, pag. 1.

[3] M. A. Darmstetor (*Revue critique*, 4 oct. 1873, pag. 219 et suiv.) conteste la parenté de ces deux œuvres, et signale entre elles de grandes différences ; cependant il est certain que l'Ὁμιλία n'était pas une œuvre à part, mais un fragment d'Ἑρμηνεύματα. (pag. 203). Évidemment il existe entre les ms. de Paris et de Montpellier des différences de détail qui révèlent un remaniement du texte primitif ; mais, comme le remarque M. Boucherie (pag. 7), ce qui subsiste, c'est la ressemblance d'ensemble.

d'Hygin n'est pas un opuscule détaché, mais fait partie intègrante d'un ouvrage qui comprenait trois livres[1], n'en résulte-t-il pas que ce travail était encore sur le métier en l'année 207? Mais qui dit que cette date, certaine pour le manuscrit de Leyde et même pour celui de Saint-Gall, s'applique également aux ouvrages contenus dans les manuscrits de Paris et de Montpellier, et dont M. Boucherie a eu l'heureuse idée de se faire l'éditeur? Sans doute les deux compositions ont entre elles une analogie manifeste, mais la ressemblance n'est pas complète, et quand on examine en détail les deux recueils, les différences sautent aux yeux.

Commençons par l'œuvre la plus anciennement connue, celle que nous ont conservée les manuscrits de Leyde et de Saint-Gall, et qu'a publiée en partie, à Bonn, le disciple et l'ami du célèbre Niebuhr, M. Boëcking[2].

L'auteur de cette œuvre n'est pas un sophiste bel esprit, c'est un grammairien entièrement occupé d'enseigner concurremment les deux langues grecque et latine. Pour cela, il a fait entrer dans une compilation bizarre les matières les plus disparates en apparence : la grammaire, la fable, la jurisprudence, tout lui est bon pour arriver à son but. Le lien logique par lequel sont attachés entre eux tous ces morceaux de rapport, c'est l'utilité que prétend tirer de chacun d'eux le compilateur, pour apprendre aux Romains à parler grec, mais surtout aux Grecs à parler latin[3]. C'est ainsi, par exemple, qu'il met en tête de son livre III les sentences de l'empereur Adrien, parce que, paraît-il dire, ce prince a été un habile discoureur[4], et qu'il fallait apprendre ses écrits par cœur, si l'on voulait arriver à parler le latin ou le grec sans faute[5].

Telle est l'unité de cette compilation singulière[6]; elle débute par un pre-

---

[1] Cela est dit expressément ; je cite le texte latin : « *Hygini Genealogiam... in qua erunt plures historiæ interpretatæ in* HOC LIBRO, *deorum enim et dearum nomina in* SECUNDO *explicuimus, sed in hoc erunt eorum enarrationes.* » (Boëcking, pag. 65.)

[2] Dosithei Magistri INTERPRETAMENTORUM LIBER TERTIUS, *ad fidem codicum manuscriptorum Vossiani, Sangallensis et Scaligerani...* Edidit Eduardus Boëcking. Bonnæ, in-12, 1832.

[3] Φιλητοῖς τῆς λαλίας ῥωμαϊκῆς, ed. Boëcking, pag. 2.

[4] Λαλιότης. *Ibid.*, pag. 3.

[5] *Ibid.*

[6] V. Boëcking ; *Præfat.*, pag. VIII à XIV, et XIV à XXI.

mier livre contenant un glossaire, gréco-latin et rédigé par ordre alphabétique, des mots que le grammairien croyait les plus nécessaires à la conversation. Un second livre renfermait un lexique rangé par catégories de matières
et divisé en trente-huit chapitres. Venait enfin un troisième et dernier livre,
que M. Boëcking a publié en entier. Rien de plus étrange et de plus mélangé
que ce troisième livre. Il commence par les Sentences d'Adrien, continue
par des Fables d'Ésope, donne ensuite un Traité sur les affranchissements
(*De Manumissionibus*), transcrit après une partie de la Généalogie d'Hygin,
contient un récit de la guerre de Troie, et complète le tout par un recueil de
mots utiles à la conversation quotidienne (*Cotidiana conversatio*[1]).

On voit que pour composer son œuvre, le compilateur a pris à droite et à
gauche et de toutes mains, et qu'il n'a eu qu'un seul objet : rassembler le plus
de mots, d'expressions et de modèles possible, pour amener ses lecteurs à
s'exprimer facilement, sur toute matière, en grec ou en latin.

Quel est l'auteur de cette rapsodie grammaticale ? Je n'ai, pour mon
compte, aucune répugnance à en laisser le mérite au grammairien, inconnu
du reste, que lui donnent pour auteur tous ceux qui s'en sont occupés
jusqu'ici, c'est-à-dire à Dosithée Magister. M. Boucherie a, le premier, con-
testé cette attribution par des raisons qui ne sont pas sans valeur, mais qui
ne paraissent pas assez concluantes pour évincer sans appel Dosithée de sa
possession.

Si des manuscrits de Saint-Gall et de Leyde on passe à ceux de Montpellier et de Paris, on se trouve en présence d'une œuvre moins bizarre et
beaucoup moins mêlée. Plus d'extraits empruntés au droit et à la mythologie,
mais seulement des exercices de conversation familière ou des recueils de
mots. En somme, un travail sans valeur littéraire, mais méthodiquement
agencé et répondant directement au but que s'est proposé l'auteur.

Cette simplicité de composition ne prouve-t-elle pas que le groupe de
Paris et de Montpellier est plus original, et par conséquent plus ancien que
le groupe de Saint-Gall et de Leyde ? Le grammairien, auteur de ce dernier,

---

[1] Les copistes ont pris quelques-uns de ces morceaux disparates pour des livres différents :
ainsi le ms. de Leyde fait précéder la *Cotidiana conversatio* de cette note, inintelligible pour
M. Boëcking : δ $\frac{.}{.}$ *Libri* xii, pag. 89.

et qui n'est guère qu'un copiste et un traducteur [1], a mis à contribution le premier, comme il avait fait des Fables d'Ésope et de la Généalogie d'Hygin ; il en a pris les parties qui convenaient à son plan, les a disposées à sa guise, de telle sorte qu'il n'est pas plus neuf dans ses glossaires et dans ses conversations que dans son Traité des affranchissements [2], et dans son morceau sur la Guerre de Troie.

Si cette conjecture est vraie, les deux documents édités par M. Boucherie se trouvaient déjà dans le domaine public avant l'année 207, époque à laquelle le vrai ou le faux Dosithée compila une partie de ses *Interpretamenta*. Est-il donc alors impossible qu'ils aient été composés par Pollux, ainsi que l'affirme Hermonyme de Sparte [3] ?

Il est vrai qu'en 207 Pollux était, suivant notre opinion, mort depuis assez longtemps, et que ses Ἑρμηνεύματα devraient remonter jusqu'aux dernières années du IIe siècle ; mais Dosithée, qui pillait Hygin, copiait Ésope et mettait à contribution l'empereur Adrien, était-il donc si difficile en fait de nouveauté ?

Toujours est-il, et c'est là l'important, qu'avant 207 on composait déjà des recueils bilingues. Cela est parfaitement établi par le manuscrit de Leyde. Il n'est donc pas permis d'accueillir par une simple fin de non-recevoir l'assertion qui donne un de ces recueils au sophiste Pollux. Sans doute on a peine à reconnaître, dans un travail qui paraît relativement moderne, l'œuvre d'un écrivain aussi ancien que l'auteur de l'*Onomasticon*. Mais une date authentique établit que dès travaux analogues étaient déjà en usage sous Septime Sévère. Ce n'est donc pas l'époque, mais le talent et le caractère même de Pollux qui empêcheraient de lui attribuer l'Ὁμιλία.

Sur ce point délicat, il ne faut pas se le dissimuler, de fort bons juges se sont inscrits en faux [4] contre les conclusions de M. Boucherie. Mais il n'en

---

[1] Μετέγραψα, dit-il souvent.

[2] Συγγραμμάτιον νομικὸν, pag. 39.

[3] M. Darmsteter n'a aucune répugnance à admettre que Pollux soit l'auteur de l'Ὁμιλία, mais seulement de l'Ὁμιλία, et non des Ἑρμηνεύματα.

[4] *Annuaire de l'Association pour l'encouragement des études grecques*, pag. LVII. 1873. — L'Association a néanmoins décerné une médaille de 500 fr. au livre de M. Boucherie. (Voir le

est pas moins certain que les travaux bilingues du genre des Έρμηνεύματα remontent, par une date bien établie, au commencement du IIIe siècle de notre ère ; et Dosithée tend une planche sur laquelle on pourrait bien faire passer Pollux.. Qui sait ? Quelque révélation inattendue viendra peut-être renforcer l'autorité — un peu mince, il faut bien en convenir, — du copiste Hermonyme.

---

rapport, si honorable pour l'éditeur des Έρμηνεύματα, de M. Ernest Havet, reproduit en partie par M. Chassang, pag. LVII.

Extrait des Mémoires de l'Académie des Sciences et Lettres de Montpellier.

(Section des Lettres. — 1874.)

Montpellier. — Typogr. BOEHM et FILS.

www.ingramcontent.com/pod-product-compliance
Lightning Source LLC
Chambersburg PA
CBHW060808280326
41934CB00010B/2606